AF628313

5. Auflage 2021

Verlag Freies Geistesleben
Landhausstraße 82, 70190 Stuttgart
www.geistesleben.com

ISBN 978-3-7725-2885-9

Die deutsche Ausgabe wurde freundlicherweise gefördert durch den Nederlands letterenfonds, Amsterdam.

Nederlands letterenfonds
dutch foundation for literature

© 2015 Harmen van Straaten
Die niederländische Originalausgabe mit dem Titel *Hé, wie zit er op de WC?* erschien 2015 bei Uitgeverij Leopold, Amsterdam.
Für die deutsche Ausgabe: © 2018 Verlag Freies Geistesleben & Urachhaus GmbH, Stuttgart
Druck: GCC Grafisches Centrum Cuno, Calbe | Printed in Germany

Harmen van Straaten

Oh, wer sitzt da auf dem Klo?

Aus dem Niederländischen von Rolf Erdorf

Verlag Freies Geistesleben

Bär muss ganz dringend,
also eilt er zum Klo.
Doch die Tür ist verschlossen,
dabei muss er doch so!

Bär klopft an die Tür,
brummt drängelnd hinein:

He, du
da drin,
lass mich
auch mal
rein!

Schweinchen fragt quengelnd:
Stehst du hier grad an?
Ich muss nämlich Pipi, darf ich vor dir dran?

Immer schön langsam, entgegnet ihm Bär.
Hinten anstell'n! Das ist sonst nicht fair.

Schweinchen denkt zaghaft:
Das dauert – oje!

Wer sitzt bloß so lange
auf diesem WC?

Weg da! Macht Platz!
Elefant stürmt herbei.
Nix da, quiekt Schweinchen,
erst sind wir an der Reih'!

Bär hüpft auf und ab,
er hält's kaum noch aus.
Zusammen rufen alle:
Los, komm jetzt da raus!

Da seufzt Elefant
und trompetet laut:

Oh! Beeil' dich doch bitte
da drin auf dem Klo!

Nun schleicht auch noch Tiger
von hinten heran.
Und fragt all die andern:
Seid ihr vor mir dran?
Puh, wenn's so wäre,
wär mir das nicht recht,
denn noch länger warten,
das kann ich echt schlecht.

He,
du da drin –
mach bitte,
bitte hin!

Schnatternd fragt Pinguin:
Was ist denn hier los?
Müsst ihr auf Toilette
oder steht ihr hier bloß?

Ans hintere Ende der Schlange mit dir!,
erwidern darauf im Chor alle vier.
Ach so, fragt Pinguin, *ist besetzt oder was?*

Was sonst? Oder denkst du, wir steh'n hier zum Spaß?

Bär brummt fast schon flehend und klopft wieder an:

Du auf dem Klo,
kommen wir auch
mal dran?

Darf ich mal?, grinst Affe, kein bisschen verlegen.
Na so was! – Nein, wirklich! – Denkste! – Von wegen!,
erregen sich alle und rufen ihm zu:
Ans Ende der Schlange, der Letzte bist du!

Pinguin piepst: *Bei mir ging's auch schnell!*
Elefant guckt gequält, Schweinchen tritt auf der Stell'.
Wag dich!, faucht Bär und ruft einmal mehr:
Los, zusammen – stimmt alle mit ein:

Mach' jetzt auf
und lass uns rein!

Affe, Pinguin, Tiger, Elefant, Schwein und Bär
laufen verkniffen auf und ab, hin und her.
Bär krächzt nur noch:
Bitte, bitte – mach auf!
Tiger ächzt flehend:

Ich muss
da jetzt drauf!

Giraffe kommt auch und fragt, ob's noch dauert.
Stunden, sagt Affe. *Die Tür scheint vermauert.*
Vielleicht bleibt sie zu, ist kaputt oder so –
dann brauchen wir wohl einen Eimer als Klo!

Ein Eimer fürs Pipi?
NEIN!
Das ist nicht fein!

Wir woll'n in die echte Toilette hinein!

Giraffe macht schließlich Spagat in der Not.
Schweinchen kneift 's Schwänzchen und wird langsam rot.
Elefant trompetet sein Leid laut hinaus.
Und Tiger und Affe halten's eh nicht mehr aus.

Ui!, wimmert Pinguin.
Oh!, jammert Bär –
wir müssen doch wirklich alle so sehr!

Schluss jetzt
und aus!
Komm' endlich da
raus!

Swuschhhhh …

Hurra!,
brüllen alle entzückt,
endlich hat jemand
die Spülung gedrückt.

Jubel juchhe –
jetzt geht's aufs
WC!

Da öffnet sich wirklich die Türe vom Klo –
ein Junge erscheint: *Warum schreit ihr denn so?*
Ich throne hier schon eine ziemliche Weile
und hatte dabei wenig Gründe zur Eile.
Und weil mein Buch so spannend gewesen,
wollt' ich es auch bis zum Ende auslesen …

Ach so! Ihr musstet alle
hier aufs ...

...Klo!